Inhalt

Biosimilars - Generika erreichen den Biotechmarkt. Sind sie die künftigen Goldgruben für die Arzneimitteltherapie?

Kernthesen

Beitrag

Fallbeispiele

Zahlen und Fakten

Weiterführende Literatur

Impressum

Biosimilars - Generika erreichen den Biotechmarkt. Sind sie die künftigen Goldgruben für die Arzneimitteltherapie?

Autor GENIOS BranchenWissen: A.Schneider

Kernthesen

- Etliche Biopharmazeutika der ersten Generation verlieren demnächst ihren Patentschutz oder haben ihn bereits vor Jahren verloren, so zum Beispiel das als Radfahrerdroge negativ bekannt gewordene Epoetin.
- Dies eröffnet Chancen für preisgünstigere

Folgeprodukte mit patentfreiem Wirkstoff.
- Die überdurchschnittlich hohen Wachstumsraten der Biopharmazeutika locken Biosimilar-Hersteller auf den Plan.
- Therapien mit den Biosimilars anstelle der originären Biopharmazeutika können zwischen 20 und 30 Prozent billiger sein.

Beitrag

Biosimilars gelten als eine der pharmazeutischen Goldgruben der Zukunft. Es handelt sich dabei vereinfacht gesagt um biopharmazeutische Nachahmerprodukte, sogenannte Generika. Patienten und Kassen hoffen auf dadurch günstiger werdende Therapien.

Originale: Biopharmazeutika

Biopharmazeutika sind durch das Mitte der 70er Jahre entwickelte gentechnologische Verfahren der "recombinant DNA technology" hergestellte Arzneimittel. Im Gegensatz zu den klassischen niedermolekularen Arzneien wie z.B. Aspirin®, welche aufgrund ihrer einfachen Molekülstruktur im Rahmen chemischer Synthesen hergestellt werden können, handelt es sich bei der Gruppe der

Biopharmazeutika um hochkomplexe Polypeptide und Proteine. Ihr Entwicklungsprozess ist aufwendig, die Medikamente sind hochpreisig, entsprechend hoch sind die Behandlungskosten. Erythropoetin(EPO) ist gemessen an den Umsatzzahlen und dem Spektrum möglicher medizinischer Indikationen heute das bedeutendste Biopharmazeutikum weltweit. Weitere bekannte Beispiele sind Avastin® oder Herceptin® von Roche/Genentech oder Neulasta® von Amgen. (1)

Nachahmer: Biosimilars

Biosimilars sind die Nachahmerprodukte der biotechnologisch hergestellten Arzneimittel (Biopharmazeutika oder biologicals), deren Patentschutz abgelaufen ist bzw. in den kommenden Jahren ablaufen wird. Ein Beispiel sind gentechnisch erzeugte Proteine. Sie sind nicht völlig identisch mit dem Originalprodukt, sondern vergleichbar, eben biosimilar. Deshalb werden sie auch nicht Biogenerika genannt, sondern Biosimilars.

Der Nachbau und die Produktion der hochkomplexen Biotech-Moleküle sind deutlich schwieriger als bei herkömmlichen, chemisch synthetisierten Substanzen. Denn bei Biosimilars handelt es sich im

Unterschied zu chemisch synthetisierten Arzneimitteln um sehr große Moleküle, die biotechnisch hergestellt und zentral durch die europäische Zulassungsbehörde EMEA zugelassen werden. Durch die biotechnische Synthese in und von lebenden Zellen erreicht man eine weitgehende Ähnlichkeit zum Originalprodukt, aber keine Identität. Die Forschung und Entwicklung kann sechs bis acht Jahre in Anspruch nehmen und ist damit nur wenig kürzer als die Erfindung eines neuen Medikamentes. Zunächst muss die Originalsubstanz gründlich analysiert und dann biotechnisch ein möglichst ähnlicher Wirkstoff hergestellt werden.

Doch die Originalhersteller schlafen währenddessen nicht. So geschah es beispielsweise bei dem Medikament Neupogen, dass der Wirkstoff durch den Originalhersteller Amgen verbessert wurde, während die Nachahmer Merckle Biotec/Ratiopharm einen Wirkstoff bauten. Amgen hat ein Nachfolgepräparat auf den Markt gebracht, das den Vorgänger Neupogen aus dem eigenen Haus verdrängt. Ein Anhängsel an das Protein verhindert nun den raschen Abbau in der Leber. Die Patienten müssen die Arznei deshalb nur einmal pro Chemotherapiezyklus spritzen. Neupogen muss dagegen täglich gespritzt werden. (2)

Bis zu 100 Millionen F&E-Kosten müssen die

Hersteller aufwenden, um ein Biosimilar zu entwickeln. Sie müssen die Qualität, Wirksamkeit und Sicherheit ihres Arzneimittels nach sehr strengen Regeln unter Beweis stellen, so fordert es die europäische Zulassungsbehörde. So müssen für Biosimilars präklinische und klinische Daten aus Phase-I- und Phase-III-Studien mit hohen Patientenzahlen erstellt und vorgelegt werden. Nur Dosisfindungsstudien (Phase II) werden im Unterschied zur Zulassung des biopharmazeutischen Originals nicht benötigt. Chemische Generika dagegen können mit einem verkürzten Zulassungsverfahren auf den Markt gebracht werden. Die Hersteller können sich in der Regel auf die klinischen Daten des Erstanbieters berufen.

Trotz des erheblichen Aufwands liegen die Preise für Biosimilars in der Regel mehr als 30 Prozent unter denen des Originals. Für die Patienten und Krankenkassen können die Biosimilars finanziellen Nutzen bringen. Therapien mit den Biosimilars anstelle der originären Biopharmazeutika können zwischen 20 und 30 Prozent billiger sein. Eine von Sandoz in Auftrag gegebene Studie des Instituts IGES kalkuliert, dass sich die jährlichen Kosteneinsparungen im Jahr 2017 auf etwa eine Milliarde Euro und im Jahr 2020 sogar auf 1,3 Milliarden Euro belaufen könnten. (3), (4), (5), (6)

Verlockende Wachstumsraten der Biopharmazeutika locken Biosimilar-Hersteller auf den Plan

Interessiert am Zukunftsmarkt der Biosimilars sind in erster Linie die großen Generika-Hersteller wie Ratiopharm, Sandoz/Hexal oder Stada. Weltmarktführer Teva Pharmaceutical Industries Ltd. und Lonza Group Ltd., einer der führenden Anbieter im Biopharmazeutika-Markt, haben kürzlich ein Abkommen zum Aufbau eines Joint Ventures für die Entwicklung, Herstellung und Vermarktung eines Portfolios an Biosimilars bekannt gegeben. (7) Sobald die Patente der Erstanbieter auslaufen, wollen sie ein Stück vom Kuchen. Dies wundert nicht, wenn man sich die in Aussicht gestellte Entwicklung vor Augen führt:

2006/2007 betrug der Umsatz mit Arzneimitteln weltweit etwa 500 Milliarden US-Dollar, davon machen Biopharmazeutika mehr als zehn Prozent aus. Der Weltpharmamarkt wächst derzeit mit sieben bis neun Prozent pro Jahr. Die modernen Biopharmazeutika wachsen mit 15 bis 17 Prozent pro Jahr, also mit mehr als doppelter Geschwindigkeit. (4), (2)

Weltweit sind momentan über 150 biotechnologisch produzierte Substanzen auf dem Markt und ca. 370 weitere befinden sich in der Entwicklung. Innerhalb der nächsten zehn Jahre (2009-2019) verlieren insgesamt 21 dieser Biologicals im Wert von über 50 Milliarden US-Dollar (basierend auf den Verkaufserlösen des Jahres 2007) ihren Patentschutz. Jährlich werden dabei durchschnittlich ca. 5,8 Milliarden US-Dollar an Umsätzen frei, die zumindest teilweise den Entwicklern entsprechender Biosimilars zufließen könnten. Die Therapiegebiete, welche die meisten Patentausläufe verzeichnen, sind die Onkologie, Entzündungserkrankungen und Kardiovaskuläre Erkrankungen. Momentan sind elf Biosimilars auf dem deutschen Markt erhältlich, so beispielsweise Nachahmerpräparate von Insulin, Interferon alpha und beta sowie des "Granulocyte Colony Stimulating factor" (GCSF). [1]

In Deutschland sind derzeit nach Angaben des Verbandes Forschender Arzneimittelhersteller e. V. mindestens 131 Arzneimittel mit 96 Wirkstoffen zugelassen, die aus gentechnischer Produktion stammen. Diese Biopharmazeutika machen mit vier Milliarden Euro bereits 15 Prozent des Arzneimittelumsatzes in Apotheken und Krankenhäusern aus (Stand 2007). Von allen zugelassenen Arzneimitteln sind zurzeit vier Prozent gentechnischen Ursprungs. Bei den jährlich neu eingeführten Wirkstoffen liegt ihr Anteil jedoch schon bei 15 bis 25 Prozent. Dieser Anteil dürfte auch in den kommenden Jahren mindestens konstant bleiben, wenn nicht sogar wachsen. (8)

Das Berliner Beratungsinstitut IGES geht in einer von Sandoz in Auftrag gegebenen Studie davon aus, dass bis zum Jahr 2020 insgesamt 20 Biosimilars auf dem Markt sein werden. (5)

Europa hat übrigens bei den Biosimilars derzeit die Nase vor dem US-Markt, der ansonsten im Pharmabereich die Nummer 1 ist. Dies liegt auch daran, dass die europäische Zulassungsbehörde EMEA für die Entwicklung und Zulassung von Biosimilars in Europa bereits 2005/2006 klare Richtlinien erstellt hat. Diese fehlen in den USA. Das einzige bist heute in den USA zugelassene Biosimilar Präparat Omnitrope®, ein Wachstumshormon, erhielt seine Zulassung im Rahmen eines Ausnahmeverfahrens.

Fazit

Für die ersten biotechnologisch hergestellten Arzneimittel läuft nun der Patentschutz ab. Damit ist der Weg frei für günstigere Nachahmerprodukte: die Biosimilars. Weltweit führend dabei sind derzeit

Deutschland und Europa.

Fallbeispiele

Mit Sandoz-Hexals **Omnitrope** und **Valtropin** von Biopartners (beides Nachahmungen des Wachstumshormons Somatotropin) gelangten im Jahre 2006 die ersten beiden Biosimilars in Europa zur Zulassung.Gegen Ende des Jahres 2007 brachte Hexal das erste Epoetin-alfa-Biosimilar namens **Epoetin alfa HEXAL®** auf den Markt.Vor wenigen Monaten erhielt der Generikahersteller Ratiopharm die Zulassung für sein erstes Biosimilar. Bei **Ratiograstim** handelt es sich um den Nachbau des Originalmedikamentes Neupogen, das Chemotherapiepatienten zum Aufbau ihrer weißen Blutkörperchen verabreicht wird. Mit **Filgrastim HEXAL®** steht jetzt das zweite Biosimilar von Hexal zur Verfügung. Der Wirkstoff ist ein Granulozyten-koloniestimulierender Faktor zur Therapie bei Neutropenien bei Krebspatienten. Filgrastim dient der Behandlung der Neutropenie und stimuliert die Produktion weißer Blutkörperchen. Die Zulassung erstreckt sich auf dieselben Indikationen wie für das Referenzprodukt Neupogen von Amgen. Das neue

Biosimilar sei eine kostengünstige Therapiealternative gegen Neutropenie. Hexal hat derzeit 25 weitere Biosimilars in der Pipeline. (9)

Zahlen & Fakten

-Während die Entwicklung eines klassischen Generikums mit 0,5-5 Millionen US-Dollar zu Buche schlägt, liegen die Aufwendungen für die Biosmiliar-Entwicklung, bei in etwa vergleichbaren Entwicklungszeiten, mit 20-80 Millionen US-Dollar um ein vielfaches höher.

-Innerhalb der nächsten zehn Jahre (2009-2019) verlieren insgesamt 21 Biologicals im Wert von über 50 Milliarden US-Dollar (basierend auf den Verkaufserlösen des Jahres 2007) ihren Patentschutz. Jährlich werden dabei durchschnittlich ca. 5,8 Milliarden US-Dollar an Umsätzen frei, die zumindest teilweise den Entwicklern entsprechender Biosimilars zufließen könnten.

-Das Berliner Beratungsinstitut IGES geht in einer von Sandoz in Auftrag gegebenen Studie davon aus, dass bis zum Jahr 2020 insgesamt 20 Biosimilars auf dem Markt sein werden.

-Therapien mit den Biosimilars anstelle der originären

Biopharmazeutika können zwischen 20 und 30 Prozent billiger sein.

-Eine von Sandoz in Auftrag gegebene Studie des Instituts IGES kalkuliert, dass sich die jährlichen Kosteneinsparungen im Jahr 2017 auf etwa eine Milliarde Euro und im Jahr 2020 sogar auf 1,3 Milliarden Euro belaufen könnten.

Weiterführende Literatur

(1) <Hexal Aktiengesellschaft> 8250113842
aus <Medizin> MEZ

(2) Pharmafirmen kopieren biologische Wirkstoffe
aus Handelsblatt Nr. 038 vom 24.02.09 Seite 19

(3) Biosimilar - was ist darunter eigentlich zu verstehen?
aus Ärzte Zeitung Nr. 196 vom 04.11.2008, Seite 10

(4) Biosimilar-Entwicklung dauert viele Jahre
aus Ärzte Zeitung Nr. 20 vom 03.02.2009, Seite 10

(5) Biosimilars können die GKV langfristig um mehrere Milliarden Euro entlasten
aus Ärzte Zeitung Nr. 6 vom 14.01.2009, Seite 9

(6) Im Biotech-Markt startet der Wettbewerb
aus Ärzte Zeitung Nr. 226 vom 16.12.2008, Seite 1

(7) O.V., Lonza und Teva geben strategische Partnerschaft bekannt, um ein global führender Anbieter von Biosimilars zu werden, Bionity.COM News, 22.01.2009
aus <Kooperation> BWL-12

(8) Biosimilars leisten Beitrag zur Wirtschaftlichkeit
aus Ärzte Zeitung Nr. 196 vom 04.11.2008, Seite 10

(9) Neues Filgrastim-Biosimilar gegen Neutropenie verfügbar
aus Ärzte Zeitung Nr. 33 vom 20.02.2009, Seite 4

Impressum

Biosimilars - Generika erreichen den Biotechmarkt. Sind sie die künftigen Goldgruben für die Arzneimitteltherapie?

Bibliografische Information der deutschen Nationalbibliothek

Die Deutsche Nationalbibliothek verzeichnet diese Publikation in der deutschen Nationalbibliografie; detaillierte bibliografische Daten sind im Internet über http://dnb.d-nb.de abrufbar.

ISBN: 978-3-7379-2757-4

© 2015 GBI-Genios Deutsche Wirtschaftsdatenbank GmbH, Freischützstraße 96, 81927 München, www.genios.de

Alle Rechte vorbehalten. Dieses Werk ist einschließlich aller seiner Teile – z.B. Texte, Tabellen und Grafiken - urheberrechtlich geschützt. Jede Verwertung außerhalb der Grenzen des Urheberrechtsgesetzes bedarf der vorherigen Zustimmung des Verlags. Dies gilt insbesondere auch für auszugsweise Nachdrucke, fotomechanische Vervielfältigungen (Fotokopie/Mikroskopie), Übersetzungen, Auswertungen durch Datenbanken oder ähnliche Einrichtungen und die Einspeicherung und Verarbeitung in elektronischen Systemen.